AF440383

LA NATION

SOUVERAINE

PAR

LOUIS CHENOT

—

Prix : 10 Centimes

PRIX DE PROPAGANDE

50 exemplaires, 4 fr. 50 ; — 100 exemplaires, 7 fr. 50 ;
1,000 exemplaires, 60 fr.

[Port à la charge du destinataire]

—

Adresser les commandes à M. G. FISCHBACHER,
33, rue de Seine, à Paris

PARIS

LIBRAIRIE SANDOZ ET FISCHBACHER

33, Rue de Seine 33

—

1878

LA NATION SOUVERAINE

Durant ces tristes jours où l'ordre moral troublait si profondément et si inutilement la France, tous les principes sur lesquels reposent nos institutions furent si violemment combattus, si étrangement reniés, honnis, bafoués, vilipendés, qu'il est du plus haut intérêt de les remettre en lumière et en honneur.

Ce n'était pas seulement, en effet, les institutions que la France s'est données que voulaient atteindre les hommes du 16 mai, mais encore et surtout les principes mêmes qui en sont la base et le fondement.

Ce qu'on rêvait, c'était l'asservissement des âmes et des intelligences;

C'était l'abolition de la Déclaration des Droits de l'Homme;

C'était la condamnation du principe républicain du « gouvernement du pays par le pays, » et la revendication pour quelques hommes, pour quelques privilégiés de la naissance et de la fortune, du droit de gouverner les autres;

C'était la substitution des classes dirigeantes à la démocratie;

C'était la société replacée encore une fois sous les vieux jougs héréditaires dont elle s'est affranchie au prix de tant d'efforts et de tant de sang versé;

C'était, en un mot, la reconstitution d'un état de choses dont la Révolution a jeté au vent les débris.

Ce qu'on voulait, ce qu'on préparait, c'était donc bien plus une révolution sociale qu'une révolution politique.

Tous les hommes du 16 Mai avaient-ils conscience de la haute portée des desseins cachés qu'ils servaient?

Il est permis d'en douter.

La plupart d'entre eux ne songeaient qu'à satisfaire leurs convoitises et leurs rancunes.

La plupart étaient les agents inconscients d'une pensée et d'une politique dont le dernier mot leur échappait.

Le plan fut habilement conçu mais faiblement exécuté : il a échoué misérablement.

On le reprendra en sous-œuvre tôt ou tard; peut-être plus tôt que nous ne pensons :

Il échouera encore.

Il échouera parce qu'il est un anachronisme.

Il échouera comme a échoué la tentative de l'empereur Julien de relever les autels des dieux, alors qu'une foi nouvelle avait fait tressaillir le monde et avait ouvert à la pensée humaine de nouveaux horizons.

On ne lutte pas contre les idées de son temps : elles constituent une force invincible qui brise ceux qui lui font obstacle.

Les sociétés modernes travaillent avec une infatigable obstination à s'affranchir de toutes les servitudes du passé. Le moment est mal choisi pour leur vanter les charmes de l'asservissement.

Plus tard peut-être, quand ce monde se sera fait vieux, quand l'heure de l'irrémédiable décadence aura sonné pour l'humanité défaillante, épuisée par ses mauvaises conditions physiques, plus tard peut-être les principes que nous défendons et qui sont l'honneur de notre époque ne seront-ils plus qu'un souvenir lointain et confus dans la mémoire des hommes; peut-être nos derniers descendants sauront-ils à peine bégayer le mot de liberté.

Ce temps-là, grâce à Dieu, n'est pas le nôtre, et rien ne nous en fait pressentir l'approche.

Soyons donc de notre temps, comme nous sommes de notre pays.

Marchons toujours en avant, tant que nous trouverons l'espace devant nous : c'est la loi.

C'est la loi du mouvement à laquelle nous devons, bon gré, mal gré, nous soumettre.

La société est un éternel pèlerin.

On ne l'enchaîne pas plus à une borne qu'on ne peut arrêter dans sa course cette planète sur laquelle nous nous agitons : une voix impérieuse lui crie sans cesse : « En avant ! »

En avant donc ! comme disaient ces navigateurs intrépides qui, les premiers, doublèrent la ligne. L'épouvante les saisissait à la vue d'un nouveau ciel et de nouvelles étoiles qu'ils ne connaissaient pas ; mais bientôt, ayant repris courage, ils découvrirent de nouvelles terres et de nouveaux ports.

En avant ! comme disaient ces hardis pionniers qui s'aventuraient à travers mille périls et mille obstacles au milieu des forêts du Nouveau-Monde ; ils reculèrent d'abord devant les résistances qui leur étaient opposées, mais bientôt ils revinrent à la charge et s'établirent fermement sur le sol qu'ils avaient conquis.

I

De la Souveraineté

Il n'est pas de principe politique plus éminent, plus essentiel que celui de la souveraineté nationale.

Ce principe est le premier article du *credo* de tous les peuples libres.

Il n'y a de peuples libres que ceux qui, l'ayant proclamé, se gouvernent eux-mêmes, sans avoir à redouter les volontés capricieuses d'un maître, sans avoir à obéir à une autre autorité que celle de la loi qu'ils ont faite.

Chez les peuples courbés sous le joug du pouvoir personnel d'un homme, tous les abus se perpétuent, parce que le pouvoir personnel se retranche derrière eux comme derrière un rempart, et en fait la citadelle de sa domination.

Chez les peuples qui se gouvernent eux-mêmes, tous les abus sont, sinon prévenus, du moins progressivement corrigés, parce que quand c'est le pays qui commande, la loi ne peut avoir d'autre objet que le bien être du pays lui-même.

C'est une dangereuse erreur et une grave hérésie politique de croire que ce que l'on est convenu d'appeler, le droit divin, ou la légitimité, soit un principe que l'on puisse victorieusement opposer à celui de la souveraineté nationale.

En effet, si ancienne que soit une monarchie, elle a eu nécessairement un commencement, et ce commencement a été, nécessairement aussi, la violence ou l'élection.

Or, si vous admettez qu'un acte de violence a pu créer des droits légitimes, vous êtes bien forcé d'admettre qu'un autre acte de violence pourra créer des droits non moins légitimes. Il en résultera que ce que vous appelez un principe consistera dans la négation et dans le renversement de tous les principes, ce qui est absurde.

Si c'est par l'élection qu'une monarchie s'est fondée, ses origines découlent précisément d'une manifestation plus ou moins régulière de cette souveraineté nationale que, par un étrange aveuglement, par un non moins étrange contre-sens, les légitimistes affectent de mépriser.

*
* *

Mais la souveraineté nationale elle-même a-t-elle le droit de fonder une monarchie à perpétuité? A-t-elle le droit d'abdiquer, au profit d'une famille et de ses descendants?

Il faut mépriser singulièrement l'humanité pour le soutenir.

Quoi! un homme n'a pas le droit de se donner à un autre homme, et vous voulez qu'un peuple ait celui de se donner à perpétuité à un homme et aux enfants de cet homme, et aux enfants de ses enfants; vous voulez qu'il puisse se donner sans revendication possible de sa liberté à des maîtres qui ne sont pas encore nés, qui seront peut-être des idiots, peut-être des monstres?

L'esclavage d'un homme est interdit par la civilisation et vous voudriez que nous reconnussions comme un principe, et comme un principe sacro-saint, l'esclavage d'un peuple?

*
* *

Ah! si Dieu descendait, de temps à autre, du ciel sur la terre, pour nous dire : « Voilà vos chefs, voilà vos rois, voilà mes élus qui vous donneront des lois en mon nom, » nous compren-

drions alors que ces mortels privilégiés parlassent
de leur droit divin, qu'ils invoquassent leur légitimité comme un principe antérieur et supérieur
à tout autre principe.

Mais Dieu n'a pas, que nous sachions, coutume
de procéder ainsi, et les monarchies, étant des
institutions purement humaines, prennent fin
comme toutes les choses humaines quand elles
ont fait leur temps en ce monde.

Les monarchies durent ce qu'elles peuvent; elles
ont le sort que leur font les circonstances, leur
sagesse ou leurs folies, et quand elles sont tombées,
comme les nôtres, écrasées sous le poids de leurs
impardonnables fautes, on peut dire qu'elles ont
eu un sort mérité.

*
* *

Non, mille fois non, la légitimité n'est pas un
principe : elle est, si vous le voulez, une fiction,
un expédient, rien de plus.

Lorsqu'un peuple se trouve bien d'un gouvernement monarchique et qu'il le conserve, les gé-
nérations qui se succèdent sont sensées renouve-
ler aux descendants d'une même famille un
mandat toujours révocable : la souveraineté du
pays demeure inaliénable et imprescriptible.

Un peuple peut bien déléguer l'exercice de sa
souveraineté mais il est toujours le véritable et le
seul souverain ; il est toujours libre de retirer son
mandat à ceux qu'il en a investi, et, quand il engage
l'avenir, en fait, par l'établissement d'une Constitution monarchique, il ne l'engage pas en droit.

*
* *

Ce principe de la souveraineté nationale, qui fut
proclamé avec tant de force et d'éloquence par
l'Assemblée de 1789, avait déjà été exposé à une
époque plus reculée, et notamment aux États
Généraux de 1484, par le sire de la Roche-Pot,
sénéchal de Bourgogne, qui prononça dans cette
Assemblée ces paroles mémorables: « La royauté
est une fonction et non point un héritage... J'ai
appris de mes pères qu'au commencement les
rois furent créés PAR LE SUFFRAGE DU PEUPLE
SOUVERAIN : on élevait au rang suprême les plus
vaillants et les plus sages, et chaque peuple éli-

sait ses chefs pour son utilité... Quiconque possède par force ou autrement, sans le consentement du peuple, le gouvernement de la chose publique, n'est qu'un tyran et un usurpateur du bien d'autrui. » (Voir l'*Histoire de France* d'Henri Martin.)

* *

Nous vous abandonnons le principe, nous disent certains partisans de la légitimité, et nous ne le discuterons pas; accordez-nous seulement, qu'en fait, la monarchie traditionnelle est la forme de gouvernement qui peut le mieux assurer à notre pays la tranquillité, et que, par cette considération, il serait expédient d'y revenir.

Eh bien! nous leur répondrons en leur remettant simplement sous les yeux le passé.

A quelle époque de l'histoire, s'il vous plaît, cette monarchie tant vantée a-t-elle assuré la paix du pays, sa paix intérieure et extérieure?

Pour ne pas remonter plus haut que le XVIe siècle, est-ce sous Louis XII, qui guerroya si longtemps en Italie, et sous le règne duquel la France fut envahie et les Suisses allèrent à Dijon?

Est-ce sous François Ier, que nous retrouvons encore en Italie, où il perdit tout sauf l'honneur?

Qui ne sait que sous le règne de ce prince trois mille Vaudois inoffensifs furent massacrés dans les Alpes de Provence ou brûlés dans leurs demeures, et que le pays qu'ils habitaient fut à tel point ravagé qu'à quinze lieues à la ronde il ne resta debout ni une maison ni un arbre?

Est-ce de Charles IX à Henri IV que nous eûmes la paix?

L'histoire nous répond que de 1562 à 1594 il y eut TRENTE-DEUX ANS de guerre civile et la Ligue.

Après la mort d'Henri IV, les troubles et la guerre civile recommencèrent et durèrent 14 ans, de 1610 à 1624.

Après la mort de Louis XIII, nouveaux troubles et la Fronde.

Sous Louis XIV, nous sommes perpétuellement en guerre au dehors, et au dedans nous avons les *dragonnades* et les révoltes des *Camisards*.

Enfin, sous Louis XV, la France descend tous les jours plus bas dans l'opinion de l'Europe par la honte de ses armes et de son gouvernement livré aux favorites du roi.

Voilà ce qu'on appelle les bienfaits et les délices de la monarchie légitime! Voilà l'âge d'or que l'on veut faire refleurir sur la terre de France! Voilà l'*Eldorado* où l'on rêve de nous ramener!

N'oublions pas ceci : c'est que quand la France a eu quelques années de repos et de prospérité sous la monarchie, elle en a été redevable non pas aux mérites du système mais aux qualités personnelles du prince.

Louis XVIII, qui fut un roi-philosophe, sut maintenir une paix salutaire, après les épouvantables orages de l'empire.

Son successeur, Charles X, politique aveugle et insuffisant, s'empressa de violer la Charte qu'il avait jurée et perdit sa dynastie et la royauté.

II

Qu'est-ce que l'Autorité?

Un des prétextes qui furent allégués au 24 mai 1873 et au 16 mai 1877 par les hommes qui, à ces deux dates, s'emparèrent du pouvoir, a été la nécessité de relever en France le principe d'autorité, et ce n'est que justice de dire qu'ils ont tout fait pour l'affaiblir et le déconsidérer.

Qu'est-ce que l'autorité?

Est-ce la volonté personnelle d'un homme s'imposant, appuyée sur la force, au pays, se substituant à la volonté du pays, se mettant au-dessus de cette volonté?

C'est bien ainsi, paraît-il que l'entendaient les éditeurs responsables de certain Manifeste dont nul n'a perdu le souvenir.

Mais pour nous, pour tout esprit libéral, l'autorité n'est qu'une délégation de la souveraineté nationale, une émanation de sa volonté.

Nous posons en principe qu'il n'existe pas de fondement légitime à l'autorité, dans le sens politique du mot, si elle ne s'appuie pas sur la volonté de la nation souveraine.

L'autorité qui ne s'appuie pas sur cette base n'est qu'une usurpation et un abus de la force.

L'autorité ne doit jamais se considérer comme la maîtresse du pays; elle doit être l'instrument respectueux de la loi et ne pas la traiter en esclave.

Or, quand on voit l'autorité donner l'exemple de la violation de la loi, ou quand on la voit s'ingénier à en torturer le sens pour l'éluder, au lieu de se pénétrer de son esprit et de l'appliquer loyalement, quel respect veut-on que les populations conservent de la loi et de l'autorité?

La grande erreur du maréchal de Mac-Mahon a été de croire qu'exercer l'autorité, c'est-à-dire gouverner, n'était autre chose que livrer bataille au pays. On cultiva assidument chez lui cette notion toute militaire de l'autorité, et on y réussit à tel point qu'il sembla croire un instant que le plus saint de ses devoirs était de faire une campagne d'Afrique à l'intérieur.

On lui persuada qu'il y avait pour les dépositaires les plus qualifiés de l'autorité des devoirs extra-légaux qui pouvaient grandir avec le péril.

Hypothèse bien dangereuse qui servirait à excuser, et même à légitimer tous les coups de force qui ont été tentés dans le passé et qui pourraient être tentés dans l'avenir contre le droit et contre la loi par ceux auxquels la nation a précisément donné mandat de défendre le droit et la loi.

Ces mandataires infidèles, en méditant ou en perpétrant leurs attentats, ont toujours invoqué le prétendu droit de la nécessité; ils ont toujours eu des yeux de lynx pour découvrir un péril social qui se résumait ordinairement dans leurs propres personnes et dans leurs propres conspirations.

On ne saurait trop le redire : l'adage « *Salus populi suprema lex esto* » est un des plus funestes qui se puissent enseigner.

Non, il n'existe pas de droit de la nécessité : ce sont deux termes qui s'excluent. Bossuet a dit : « Il n'y a point de droit contre le droit. »

Non, la fin ne justifie pas les moyens; quand nous nous proposons une fin honnête, elle ne doit être poursuivie que par des moyens honnêtes : quand nous sortons du droit, nous nous plaçons en dehors de la société humaine et de la civilisation.

Tous les gouvernements qui se sont succédé en France depuis un demi-siècle ont été des gouvernements de combat contre la nation ;

Et tous sont tombés faute d'avoir voulu ou su comprendre que gouverner un pays, exercer l'autorité suprême, c'était tout simplement s'inspirer des désirs du pays, écouter sa voix, provoquer les légitimes manifestations de sa volonté libre, dans le but de l'exécuter fidèlement.

III

Du Suffrage universel

La volonté nationale trouve son expression naturelle, légitime, indispensable, dans le suffrage universel.

Le principe de la souveraineté nationale a pour conséquence le droit reconnu à chaque citoyen d'exprimer son opinion sur les affaires de l'Etat :

C'est le droit de suffrage qui fait le citoyen, qui l'intéresse à la chose publique, qui lui fait sentir qu'il est vraiment de son pays, et qui lui enseigne enfin la supériorité des armes légales et pacifiques sur la force brutale dans la lutte pour le progrès et la civilisation.

Le suffrage universel fut établi en France par le gouvernement provisoire, le 5 mars 1848.

Avant cette date il ne figurait même pas dans les programmes des pouvoirs publics : son établissement fut une révélation lumineuse pour le monde politique.

Louis Bonaparte, dans le but de déconsidérer l'Assemblée nationale, lui proposa une loi restrictive du suffrage universel. C'était un piége qu'il lui tendait et elle y tomba : la loi du 31 mai biffa d'un trait de plume trois millions d'électeurs sur dix millions.

Le jour du coup d'Etat, le même Louis Bonaparte rendit un décret ainsi conçu :

« La loi du 31 mai est abolie. Le suffrage universel est rétabli. »

Sinistre comédie! Car ce n'était que la parodie du suffrage universel qu'entendait nous donner l'auteur du Deux-Décembre.

Si le suffrage universel eut été libre, fonctionnant entre les mains du héros de Boulogne et de Strasbourg, nous, les adversaires irréconciliables de l'empire, nous aurions trois griefs bien graves contre lui :

C'est, en effet, le suffrage universel qui ratifia le coup d'Etat, ce forfait qui semble toujours plus grand à mesure qu'on s'éloigne du jour où il fut perpétré.

C'est encore lui qui acclama l'empire.

C'est encore lui qui adopta le plébiscite de 1870, prologue de la guerre.

Eh bien! telle est notre foi dans le suffrage universel, si grands sont les bienfaits que nous attendons de son fonctionnement régulier, si grande aussi est notre conviction qu'il est le droit, qu'eut-il commis, étant libre, les trois grandes erreurs dont il porta la responsabilité et la peine que nous dirions encore :

Il faut conserver le suffrage universel.

Il faut le conserver pour bien des raisons :

1° Parce que là où il n'existe pas, c'est une caste qui confisque à son profit la souveraineté nationale, ce qui engendre un perpétuel antagonisme entre les citoyens d'un même pays;

2° Parce qu'il est infiniment plus moralisateur et infiniment moins corruptible que le suffrage restreint :

Plus moralisateur, parce que, grâce à lui, chaque citoyen, contribuant à faire la loi à laquelle il devra obéir, la respectera davantage que si elle était faite en dehors de lui.

Moins corruptible, parce que plus les électeurs sont nombreux, plus il est difficile de les acheter.

3° Parce qu'il est une sauvegarde contre les révolutions :

Il est, en effet, le grand pacificateur des sociétés modernes en établissant l'égalité politique à côté de l'égalité civile, en permettant les revendications d'en bas, pacifiques et légales, qui, sans lui, se traduisent par des moyens extrêmes, par des conspirations et par des révolutions. L'ouvrier, armé du bulletin de vote, ne songe plus à prendre son fusil : à quoi bon conspirer, quand on peut dire tout haut ce qu'on pense, quand on peut, par des moyens légaux, obliger le gouvernement à gouverner conformément aux vœux du plus grand nombre ?

4° Il faut enfin garder le suffrage universel par cette raison qu'il existe et que, quand il a fonctionné dans un pays, il n'y a plus de gouvernement possible sans lui. Malheur au régime politique qui viendrait à bout de le supprimer : le rétablissement du suffrage universel deviendrait le programme, le mot d'ordre, le cri de ralliement de toute l'opposition et de nouveaux bouleversements seraient imminents et inévitables.

*
* *

Est-il juste, est-il logique, disent les adversaires du suffrage universel, que la voix d'un paysan illettré ait la même valeur que celle d'un académicien ?

Est-il juste que le bulletin de vote d'un pauvre ouvrier, qui n'a pour tout bien que ses outils, pèse dans l'urne du même poids que celui du banquier vingt fois millionnaire qui possède des châteaux, des parcs et des forêts ?

Les uns et les autres sont-ils également aptes à donner leur avis sur les affaires politiques ; sont-ils intéressés au même degré à la conservation sociale ?

Ces objections, qui ont souvent déconcerté de bons esprits, ne nous touchent pas.

De ce que le paysan et l'homme lettré n'ont pas le même *criterium* pour juger les choses politiques, s'en suit-il que leurs votes, quoique différemment raisonnés, ne seront pas également raisonnables ?

Le paysan ne comprend pas toujours grand'chose, il est vrai, à nos discussions parlementaires, et il n'a pas toujours non plus le temps de les suivre ; mais il a ses idées arrêtées sur des points essentiels ; sur les avantages de la paix, sur la nécessité d'un bon gouvernement qui lui garantisse la propriété de son champ, sa liberté de conscience et sa liberté de citoyen : il votera, sans en demander plus, à l'homme investi de sa confiance dont le programme sera le sien. Quant aux influences qu'il peut subir, comme elles s'exercent en sens contraires, elles se corrigent les unes par les autres.

L'homme lettré est sollicité par l'ambition qui ne trouble pas le cœur du paysan ; il est exposé à être égaré par des passions et des rancunes de caste que ne connaît point l'habitant des campagnes, au milieu de l'atmosphère de paix et de sérénité où il vit.

Est-il vrai, d'autre part, de dire que l'artisan, que le travailleur soit moins intéressé que le riche propriétaire à la conservation et à la paix sociales ? Si nous ne craignions pas de sembler paradoxal, nous dirions qu'il y est intéressé davantage.

Le riche propriétaire souffre relativement peu des révolutions ; il a toujours de bonnes valeurs en lieu sûr et peut regarder passer la tourmente d'un œil stoïque. Il n'en est pas de même pour l'ouvrier. En temps de bouleversements et de révolutions, il n'y a plus de travail ; et, quand il n'y a plus de travail, l'ouvrier meurt de faim.

*
* *

Oh ! sans doute, le suffrage universel a ses imperfections, ses anomalies. Mais quelle institution humaine réalise le bien absolu ? Quelle institution humaine est parfaite ?

On lit dans le livre du *Prince* de Machiavel, cette pensée bien juste et bien profonde : « C'est la destinée que nous ne puissions en ce monde éviter un inconvénient sans tomber aussitôt dans un autre. La sagesse consiste à se rendre compte de la valeur de ces inconvénients et à accepter comme bonnes les solutions les moins mauvaises. »

Eh bien ! plus vous étudierez la question du suffrage universel, plus vous creuserez les divers systèmes qu'on lui a opposés, plus vous arriverez à reconnaître que le suffrage restreint, avec ses éliminations et ses catégories d'électeurs, présente au point de vue pratique plus d'inconvénients que lui, sans réunir les mêmes avantages quant au maintien de la paix publique, à la pacification des esprits et à la concorde entre les citoyens.

On a reproché au suffrage universel ses fréquentes variations et les démentis qu'il se donne à lui-même. Il est, dit-on, plus mobile et plus changeant que la femme, plus inconsistant que la plume emportée par le vent.

Qu'est-ce, dit-on, que cette souveraineté collective qui ne sait ni ce qu'elle pense ni ce qu'elle veut, qui obéit à tant d'impulsions diverses et qui se dédit à quelques années, à quelques mois d'intervalle, qui se laisse corrompre et qui se laisse affoler?

Une telle souveraineté ne mérite-t-elle pas d'être mise en interdit et de subir le sort des mineurs, des idiots, des vieillards tombés en enfance, de tous ceux qui sont incapables de se conduire eux-mêmes?

Hélas! si nous parcourons l'histoire de notre pays, combien y rencontrerons-nous de princes qui aient toujours su exactement ce qu'ils pensaient et ce qu'ils voulaient, qui ne se soient jamais dédits, qui n'aient jamais subi ni influence ni corruption; qui ne se soient jamais laissé affoler|; qui n'aient jamais, à un moment de leur règne, mérité d'être interdits?

Le suffrage universel fait encore son éducation. Il a commis bien des erreurs de jeunesse et d'inexpérience, mais il en commettra moins désormais. Il en est de lui comme des enfants qui n'apprennent à marcher qu'en tombant.

*
* *

Il faut que les élections soient libres pour qu'elles soient sincères :

Il faut qu'elles soient fréquentes pour que les erreurs du suffrage universel puissent être rapidement redressées par le suffrage universel mieux éclairé.

Sera-ce, comme on l'a dit, la révolution en permanence?

Eh non! tout ce qui sera en permanence, ce sera le droit du pays de se repentir de ses erreurs passagères, et de ne point en être indéfiniment la victime.

Un des plus grands mérites du suffrage universel, c'est son extrême simplicité.

C'est peut-être cette simplicité même qui a été la cause de sa tardive adoption.

Les idées les plus simples sont, en effet, celles qui triomphent le plus difficilement ; et ce sont ordinairement aussi les dernières qui se présentent à l'esprit des hommes.

IV

La Liberté

La liberté est le patrimoine commun de tous les hommes.

C'est la liberté morale qui rend les individus responsables.

C'est la liberté politique qui fait les peuples véritablement grands : c'est elle qui leur facilite cette marche en avant qu'on nomme le progrès et qui est la loi et le but constant de l'humanité.

Tous les hommes ayant des droits égaux à la liberté, le devoir de chaque homme est de respecter la liberté de ses semblables.

Ainsi donc, si la liberté crée des droits, elle impose aussi des devoirs :

La liberté porte en elle-même sa propre limite. Ce principe est élevé par Kant à la hauteur d'un axiôme de géométrie.

*
*

La liberté n'est donc pas la licence.

La licence étant un empiétement sur la liberté d'autrui, n'est qu'une des formes — et une des pires — de l'oppression et de la tyrannie ; c'est-à-dire le contraire de la liberté.

Le but de tout gouvernement doit être, non pas d'aller jusqu'au bout de la légalité, c'est-à-dire d'extraire de l'arsenal des lois tout ce qu'il est possible d'en tirer pour enchaîner le plus possible la liberté ; mais, comme l'a si bien dit M. de Marcère, d'aller jusqu'au bout de la liberté, c'est-à-dire d'aller aussi loin que possible dans l'application libérale des lois.

Il n'y a d'ordre et par conséquent de liberté dans une société que quand les citoyens sont dans leur droit et dans leur devoir.

Ce n'est pas avec des lois d'une sévérité excessive, ni avec un gouvernement de combat, que l'on maintient l'ordre dans une société : la certitude de la répression arrête plus sûrement les malfaiteurs que la sévérité des peines, et ce n'est pas avec des violences, mais avec de la modération à l'égard de ses adversaires, qu'un gouvernement fera régner cet ordre moral au nom duquel ont été tentées les entreprises du 24 mai et du 16 mai.

N'oublions jamais que s'il n'y a pas de liberté possible sans l'ordre, il n'y a pas non plus d'ordre véritable sans la liberté.

Quand un homme, quel qu'il soit, a abusé de la force qu'il avait entre les mains pour étendre à ses pieds un pays meurtri, sanglant, affolé; quand la terreur a fait le silence autour de cet homme, il n'a pas le droit de s'écrier : « L'ordre règne! » car l'ordre ne consiste pas dans la terreur, ou bien c'est l'ordre comme à Varsovie.

* *

A l'origine, les sociétés humaines n'étaient que de vils troupeaux parqués sous la houlette de quelques exploiteurs pour lesquels seuls il semblait que le monde existât : Caton mourant pour la liberté pouvait dire justement :

« Ce globe infortuné fut créé pour César! »

Les libertés dont nous jouissons sont de date bien récente; il n'en est pas une qui n'ait eu ses martyrs; il n'en est pas une dont la conquête n'ait coûté des flots de sang :

De quel prix n'a-t-il pas fallu payer la plus précieuse de toutes : la liberté de conscience !

Il a fallu que Néron fît brûler les chrétiens comme des torches pour éclairer les jardins du Palatin pendant ses orgies nocturnes;

Il a fallu que, pendant deux siècles, les amphithéâtres romains fussent baignés du sang des martyrs;

Il a fallu que Jean Huss et Jérôme de Prague fussent brûlés vifs à Constance, et Michel Servet à Genève;

Il a fallu que des milliers d'hommes et de femmes fussent massacrés dans Paris pendant la nuit du 24 août 1572, et que, pendant un demi-siècle, catholiques et protestants s'entre-égorgeassent dans la moitié de la France;

Il a fallu que la sinistre Inquisition fît défiler sur la terre d'Espagne ces lamentables processions de condamnés couverts du *san benito,* s'acheminant vers le hideux bûcher;

Il a fallu la révocation de l'édit de Nantes;

Il a fallu les proscriptions de la Terreur;

Il a fallu tant d'épouvantables forfaits commis au nom de la religion et au nom de la raison d'Etat dont l'histoire est remplie pour que l'on en arrivât à proclamer comme un principe indiscutable et sacré, la liberté de la conscience humaine et de ses manifestations légitimes, pour que l'on en arrivât à comprendre que la religion n'a pas plus le droit de persécuter la libre pensée au nom d'un dogme que la libre pensée n'a le droit de proscrire la religion au nom de ses principes.

*
* *

De nos jours, on a vu le gouvernement de l'ordre moral tenter de flétrir après leur mort les libres-penseurs qui avaient eu jusqu'au dernier jour le courage de leur indépendance.

Nous n'hésitons pas à le proclamer : nul n'a le droit de flétrir après leur mort ceux qui, n'ayant pas cru de leur vivant, ont la loyauté de l'avouer du fond de leur tombe.

Il y a des âmes profondément religieuses qui ne croient à aucune religion révélée, et dont le tourment incessant a été le problème de la vie et de l'infini.

Il y a tels hommes que l'on qualifie d'incroyants, qui ont passé leur vie les yeux fixés sur l'immensité, en se demandant d'où viennent ces mondes qui finissent comme les individus, d'où vient cette matière qui ne périt pas, mais qui se transforme perpétuellement; d'où procède cette force inconnue d'où naissent le mouvement et la vie.

Il y a tels hommes que l'on qualifie d'irréligieux qui se sont fait de la puissance universelle une idée si haute qu'ils ont trouvé la formule dans laquelle les hommes veulent l'emprisonner trop sèche pour leur imagination, trop étroite en comparaison de l'infini dans lequel ils ont noyé leurs regards, leurs pensées et leurs âmes.

Ces hommes qui s'éteignent, les yeux tournés vers le ciel en lui demandant encore le secret de l'éternel et insoluble problème, sont-ils des athées? sont-ils des ennemis du genre humain? Méritent-ils les anathèmes et les invectives dont on les accable?

**

Nul gouvernement ne doit avoir la prétention de résoudre la question religieuse qui restera pendante aussi longtemps qu'il y aura des hommes sur cette terre qui chercheront à résoudre le problème de leur origine et de leurs destinées. Tant que le monde existera, il y aura des hommes qui déclareront avoir mission de parler et d'enseigner au nom de Dieu et qui aspireront à diriger la société; toujours il y en aura qui humilieront leur raison, qui courberont leur front dans la poussière en s'écriant avec Saint Augustin : « *Credo quia absurdum;* » toujours aussi il s'en trouvera qui résisteront, qui ne voudront pas se soumettre et qui ne croiront pas.

L'Etat n'a point à se faire théologien; il n'a point à se poser en propagateur et en défenseur d'une religion quelconque. De quel droit et au nom de quelle autorité se poserait-il en juge et en arbitre des querelles religieuses?

La mission de l'Etat est d'établir et de maintenir un *modus vivendi* qui permette à toutes les sectes religieuses de se coudoyer sans se heurter, et aux croyants de vivre en frères avec les incroyants.

**

De tous temps les ministres de la religion ont eu une malheureuse tendance à sortir du sanctuaire pour tenter de gouverner la société civile et étouffer les aspirations libérales des peuples.

Hier encore, ne voyions-nous pas en France, au grand scandale des âmes véritablement religieuses, le clergé catholique se jeter inconsidérément dans l'arène de nos luttes politiques, et, sur un mot d'ordre du dehors, mettre tout ce qu'il y a de saint au service des ennemis acharnés de nos institutions ?

Pour garantir ses libertés contre les entreprises d'un aussi puissant adversaire, un publiciste conseillait naguère à la France de répudier le catholicisme pour arborer hardiment le drapeau du protestantisme.

Ce publiciste ne prenait pas garde que nous ne sommes plus à une époque de transformation religieuse : Les masses n'ont plus une foi assez ardente pour qu'une telle évolution soit possible. On l'a bien vu à l'insuccès de la tentative des vieux-catholiques qui a échoué misérablement.

Les réformateurs du XVI⁰ siècle étaient des hommes pieux et des croyants sincères.

Pour ne citer qu'un nom, Erasme, qui a « *pondu l'œuf d'où est sorti Luther,* » était animé d'une foi si vive, si brûlante, qu'elle déborde à chaque page de ses *Paraphrases* et de son *Paracelse* et se traduit dans un langage aussi naïf que charmant.

« La foi, dit-il dans sa paraphrase sur Saint Jean, est en quelque sorte l'œil par lequel nous voyons et nous connaissons Dieu... La charité donne à son regard la pureté, l'innocence du regard de la colombe pour interpréter simplement toutes choses. »

** **

Les temps sont bien changés. Le libre examen a tué la foi. Le protestantisme s'affranchissant de plus en plus des formules dogmatiques, tend à cesser d'être une religion dans le sens étroit du mot et à perdre toute puissance attractive.

Le catholique reste catholique ou devient libre-penseur ; il ne songe plus à se faire protestant.

Ce sont là des faits.

L'État a le devoir de rester un témoin impassible des vicissitudes des religions :

La société civile ne doit jamais empiéter sur le domaine religieux ; elle ne saurait, en revanche, permettre au clergé, sans se suicider, d'empiéter sur son domaine à elle, et le meilleur moyen de mettre obstacle à cet empiètement, c'est de lui appliquer le droit commun, ou en d'autres termes, la loi égale pour tous.

V

La Raison d'Etat

De tous temps on a vu le despotisme tenter de se justifier en alléguant la raison d'Etat : c'est au nom de la raison d'Etat qu'il a toujours persécuté, frappé, proscrit les individus, et qu'il s'est assis sur les ruines de la liberté.

Il est bien difficile de définir la raison d'Etat :

Pour le peuple romain c'était l'envahissement de toute la terre et l'assujettissement de tous les peuples;

Pour les rois asiatiques c'était de se faire adorer comme des dieux;

Pour Machiavel c'était de conserver le pouvoir dans les mains qui l'avaient fondé, ces mains fussent-elles teintes de sang;

Pour Napoléon Ier c'était, comme pour le peuple romain, la conquête du monde.

On peut dire que le despotisme l'a invoquée et l'invoque encore toutes les fois qu'il ne peut invoquer ni le droit, ni les lois, ni la justice.

La raison d'Etat est donc une conception barbare indigne de notre civilisation, en ce qu'elle tend à établir qu'il peut y avoir quelque chose de plus sacré que le droit, de plus inviolable que la justice.

Il n'est pas dans l'ordre politique d'entreprises si injustifiées, d'attentats si abominables, de crimes si monstrueux qui n'aient cherché dans la raison d'Etat une justification ou une excuse.

La raison d'Etat est la base de toutes les tyrannies.

Avec la raison d'Etat on absout Tibère et Séjan; on absout Néron tuant son frère et sa mère; on absout Charles IX ordonnant la Saint-Barthélemy; on absout la Terreur; on absout Napoléon Ier jetant une Assemblée à la porte et faisant assassiner le duc d'Enghein; on absout Louis Bonaparte se parjurant et faisant mitrailler dans les rues de Paris les défenseurs de la Constitution.

C'est la tâche et ce sera la gloire de notre génération de faire pénétrer dans les esprits, de faire accepter comme un dogme indiscutable cette pensée profondément morale que le crime est toujours le crime, quel qu'en soit l'auteur, que ce soit un homme ou un peuple, quels que soient les motifs allégués pour sa justification et quelle que soit l'absolution qui le couvre.

Ce sera la réponse aux apologistes des coups d'Etat, aux glorificateurs du 18 brumaire et du 2 décembre, à ceux qui rêvent encore dans l'ombre l'écrasement du droit et de la loi par la force brutale, à ceux enfin qui ne comprennent qu'une manière de gouverner un peuple qui est de s'asseoir dessus.

*
* *

Le plus habile et le plus dangereux des adversaires de la République, celui que nous devons sans cesse regarder en face, c'est l'éternel organisateur de coups d'Etat, c'est le césarisme personnifié par les Bonapartes, c'est l'empire.

L'empire fait toutes les promesses qu'on lui demande pour capter les suffrages populaires, — quitte à ne pas les tenir.

Il flatte successivement toutes les convoitises,— quitte à n'en satisfaire aucune.

Au moyen de ses théories pseudo-socialistes, il est déjà parvenu à égarer le peuple dont il se disait, dont il se dit encore le meilleur ami.

Par ses violences et ses coups de force, il est parvenu à faire croire à ceux qui se disent « les hommes d'ordre, » qu'il est le représentant et l'image vivante de l'ordre en ce monde.

Infatigable Protée, il se prête, selon les besoins de sa cause, à toutes les transformations.

Il dit aux socialistes qu'il résoudra la question sociale.

Il dit à la démocratie : « Je suis fils de la Révolution.

Il dit au clergé qu'il soutiendra le pape et la religion.

Il dit aux prolétaires :

« C'est moi qui vous ai rendu l'exercice de vos droits en abrogeant au 2 décembre la loi du 31 mai. »

Il dit à la France, à l'Europe : « L'Empire c'est la paix. »

Mais ce qu'il ne dit pas, c'est que ses paroles et ses promesses sont autant de mensonges.

Ce qu'il ne dit pas, c'est que, tout en soulevant tous les problèmes sociaux, il n'en a résolu aucun.

Ce qu'il ne dit pas, c'est que, tout en se posant en défenseur des principes de 89, il n'a jamais donné au pays que le plus dégradant despotisme.

Ce qu'il ne dit pas, c'est que, tout en affectant de soutenir la religion, tout en montant la garde aux portes du Vatican, il a laissé le Piémont envahir successivement toutes les provinces de l'Etat pontifical.

Ce qu'il ne dit pas, c'est que, tout en proclamant le suffrage universel, il l'a constamment faussé au moyen des candidatures officielles, et en a fait une jonglerie et un escamotage.

Ce qu'il ne dit pas, c'est que, tout en promettant la paix, il a constamment fait la guerre, et n'a su nous léguer, comme dernier souvenir, que l'invasion et le démembrement du pays.

L'Empire, c'est la raison d'Etat faite homme, c'est son commentaire vivant, c'est son expression suprême, c'est sa fin dernière, et c'est aussi sa plus éclatante condamnation.

Nous avons, aussi succinctement que possible, exposé et résumé les principes fondamentaux des institutions que la France s'est données, et à la propagation desquels nous serions heureux de contribuer pour notre faible part.

Nos institutions, c'est le progrès des idées, ce sont les circonstances, c'est la nécessité qui les ont faites : dans l'impossibilité de rétablir la monarchie, la République, qui était le droit, est devenue le gouvernement nécessaire.

La France, mûrie par d'effroyables leçons, a résolu de ne plus confier qu'à elle-même le soin de veiller sur ses intérêts, sur son repos et sur son honneur.

Grâce à la fermeté et à la sagesse des républicains, la **République** a triomphé des partis coalisés contre elle, aux dates mémorables des 20 février 1876, 14 octobre et 13 décembre 1877.

Que les républicains unissent maintenant la persévérance à cette sagesse et à cette fermeté dont ils ont donné la preuve, et la République sera fondée.

Ils ont remporté une victoire légale et pacifique d'autant plus glorieuse qu'elle n'a pas coûté une goutte de sang; d'autant plus édifiante qu'elle a montré la force et l'excellence d'institutions qui permettent de résoudre sans violence les plus gràves conflits.

La France a donc compris qu'il ne s'agit pas d'une République de *sans-culottes*, mais d'une République d'honnêtes gens qui, loin d'être un épouvantail, sera la plus sûre garantie de la prospérité et de la paix.

Marchons donc en avant, avec confiance, comme des pionniers, dans ce champ aux limites indéfinies du progrès. Rassurons les timides, encourageons les indécis, prouvons à tous que la République peut nous gratifier de ces deux biens qui ne sont nullement incompatibles, comme on l'a cru longtemps, mais que nous devons de plus en plus nous habituer à considérer comme inséparables l'un de l'autre : *L'ordre et la liberté.*